Gojko Stojic

Case Management im Krankenhaus

GRIN Verlag

Bibliografische Information der Deutschen Nationalbibliothek:

Die Deutsche Bibliothek verzeichnet diese Publikation in der Deutschen National-
bibliografie; detaillierte bibliografische Daten sind im Internet über http://dnb.d-
nb.de/ abrufbar.

Impressum:

Copyright © 2008 GRIN Verlag GmbH
Druck und Bindung: Books on Demand GmbH, Norderstedt Germany
ISBN: 978-3-638-95660-4

Dieses Buch bei GRIN:

http://www.grin.com/de/e-book/93973/case-management-im-krankenhaus

Inhaltsverzeichnis: 2

1. Einleitung

Die gegenwärtigen Veränderungen im Gesundheitssystem und der dadurch verursachte Kostendruck stellen die deutschen Krankenhäuser vor große Herausforderungen. Durch die demographischen Veränderungen und die Einführung leistungsorientierter und pauschalierender Vergütungssysteme werden Anreize gesetzt, ökonomisch und prozessorientiert zu arbeiten.

Die vorliegende Hausarbeit beschäftigt sich mit der Einführung des Case Managements in deutschen Krankenhäusern. Sie versucht darzustellen, dass das Case Management für deutsche Krankenhäuser als Lösungsansatz angesehen werden muss, wenn es darum geht, jetzt und in Zukunft effizient und profitabel wirtschaften zu können, ohne dabei das erforderliche Maß an Qualität auf dem Gebiet der medizinischen Versorgung, Betreuung und Pflege einbüßen zu müssen.

In dem Kapitel „Entwicklung der Krankenhaussituation in Deutschland" beschreibe ich die demographische Entwicklung und die Einführung eines neuen Vergütungssystems (Diagnosis Related Groups System), welche meines Erachtens die Hauptursachen der Veränderungen der heutigen Krankenhauslandschaft darstellen. Das nächste Kapitel „Spannungsverhältnis zwischen Wirtschaftlichkeit und Qualität" widme ich Qualitätsdimensionen und zwei von mir ausgewählten Qualitätsinstrumenten bzw. –verfahren, namentlich klinische Behandlungspfade und das Zertifizierungsverfahren nach KTQ. Damit möchte ich zeigen, wie sich die Krankenhäuser durch diese Verfahren verbessern wollen bzw. können, wobei ich gleichzeitig auf die Schwachstellen dieser Verfahren aufmerksam mache. Weiterhin wird hier die Prozessoptimierung als eine der wichtigsten Aufgaben der Krankenhäuser in Deutschland beschrieben. In dem Kapitel „Lösungsansatz Case Management" beschreibe ich die historische Entwicklung von Case Management, seine Ablaufphasen und seine klassischen Funktionen. Schließlich lege ich besonderes Augenmerk auf die Funktionen des Case Managers im Krankenhaus und die Aufgaben, welche er zu bewältigen hat. Im letzten Kapitel „Chancen und Einsatz des Case Managements im Krankenhaus" möchte ich die Potentiale des Case Managements aufzeigen und der Frage einer sinnvollen Positionierung des Casemanagers innerhalb der Krankenhaushierarchie nachgehen.

2. Entwicklung der Krankenhaussituation in Deutschland

Die Krankenhaussituation hat sich in den letzten Jahren stark gewandelt. Höhere Gehälter für Ärzte, die Gesundheitsreform und die Änderung des Abrechnungssystems für Krankenhausleistungen sowie nicht zuletzt der demographische Wandel sorgen für einen stärkeren Kostendruck, welcher die Krankenhäuser heute und in Zukunft belastet.

2.1 Demographische Entwicklung und ihre Folgen

Die demographische Entwicklung wird im Wesentlichen durch zwei Faktoren geprägt. Zum einen durch die zunehmende Alterung der Bevölkerung und zum anderen durch die Migration, also die Zu- und Abwanderung von Bevölkerungsteilen. Während sich die Entwicklung der Migration nicht genau prognostizieren lässt, kann der Alterungsprozess in Deutschland als gewiss angesehen werden. Er hat bereits vor über 100 Jahren begonnen und wird sich in den nächsten 50 Jahren weiter fortsetzen. Die diesbezüglichen Ursachen sind bekannt. Ein massives Absinken der Geburtenrate und die steigende Lebenserwartung in den höheren Altersgruppen der Bevölkerung bedingen den Alterungsprozess
(URL:http://www.bibdmogrphie.de/cln_050/nn_750722/SharedDocs/Publikationen/DE/Do wnlad/Demolage/Demolage2006,templateId=raw,property=publicationFile.pdf/Demolage2 006.pdf zitiert 07.04.2008).

Die Geburtenrate in Deutschland liegt derzeit auf einem niedrigen Niveau von rechnerisch 1,3 Kindern je Frau. Künftig wird für Deutschland ein annähernd konstantes Geburtenverhalten erwartet. Die durchschnittliche Kinderzahl je Frau wird bis 2025 leicht auf etwa 1,4 zunehmen und danach konstant bleiben (vgl. Statistische Ämter des Bundes und der Länder, 2007, 11). Damit ist die Geburtenrate weit entfernt von der idealtheoretischen Zahl von 2,1 Kindern pro Frau, um eine Bevölkerung durch sich selbst konstant halten zu können. Diese niedrige Geburtenziffer bedeutet auch, dass jede Generation um ein Drittel abnimmt, da sowohl die Anzahl potentieller Eltern, als auch die Geburten je Frau zurückgegangen sind.

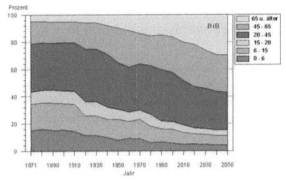

Entwicklung der Altersstruktur in Deutschland 1871 bis 2050 (Quelle: DESTATIS)

Neben der sinkenden Geburtenrate kommt es zudem zu einem veränderten Anstieg der Lebenserwartung, was ebenfalls einen Einfluss auf die demographische Entwicklung hat. Die Lebenserwartung der Bevölkerung hängt eng zusammen mit dem gesundheitlichen Zustand, der Lebensweise der Bevölkerung und dem Niveau der medizinischen Versorgung (vgl. Statistische Ämter des Bundes und der Länder, 2007, 12).

Der demographische Wandel wird bei den Krankenversicherungen unweigerlich zu einem Anstieg der Gesundheitskosten führen, welcher im Zuge der zunehmenden Alterung der Gesellschaft nicht aufzuhalten und daher unvermeidbar ist. Bei zunehmenden Alter nehmen die Anzahl chronischer Erkrankungen und die Multimorbidität, also das gleichzeitige Bestehen mehrerer Erkrankungen, zu. So sind die Gesundheitsausgaben für einen 60-Jährigen 2,8 mal (80-Jährigen 5,7 mal) so hoch wie für einen 30-Jährigen und die Arzneiausgaben von 60-Jährigen 3,6 mal so hoch wie bei 30-Jährigen. Die Gruppe der 60-Jährigen und Älteren in den kommenden Jahrzehnten stark zunehmen. Im Jahr 2030 dürften fast 8 Millionen mehr 60-Jährige und Ältere in Deutschland leben (28,4 Millionen) als im Jahr 2005 (20,5 Millionen). Dies entspricht einer Zunahme von gut 38 %. Im Jahr 2030 würde dann mehr als jeder dritte Einwohner in Deutschland zu den 60-Jährigen und Älteren zählen (2005: jeder vierte) (vgl. Statistische Ämter des Bundes und der Länder, 2008, 5). Ein weiteres Problem besteht für die gesetzlichen Krankenkassen insbesondere darin, dass die Zahl der Beitragszahler immer weiter sinken wird. In zwanzig bis dreißig Jahren werden mehr Menschen zwischen 60 und 80 Jahre alt sein als zwischen 20 und 40 (vgl. Statistische Ämter des Bundes und der Länder, 2007, 23). Hinzu kommt auch der Kostenanstieg aufgrund des voranschreitenden medizinisch-technischen Fortschritts.

Der demographische Wandel wirkt sich also gerade im Bereich der sozialen Sicherungssysteme aus und bedingt einen weiteren Anstieg der Ausgaben im Gesundheitswesen.

Einen Schwerpunkt bildet der kostenintensive Krankenhausbereich, welcher im Jahr 2005 über 62 Milliarden Euro veranschlagte (vgl. Statistische Ämter des Bundes und der Länder, 2008, 7). Da ältere Menschen häufiger stationär in Krankenhäusern versorgt werden als jüngere, dürften Behandlungsfälle und damit verbundene Kosten gerade im Krankenhausbereich mit einer alternden Bevölkerung ansteigen. Zudem wird die Zahl der chronisch kranken und multimorbiden Patienten ansteigen, da mit dem Alter auch die Intensität der Erkrankungen zunimmt. Erfahrungsgemäß benötigen diese Patienten aufgrund der Langwierigkeit und des Umfanges ihrer Krankheit eine lange Verweildauer im Krankenhaus. Der demographische Wandel der Gesellschaft und der damit verbundene steigende Anteil der über 60-Jährigen, die einen Anteil von über 40% bezogen auf die Altersstruktur der Patienten im Krankenhaus bilden, verursacht daher einen zunehmenden Bedarf an medizinischer Versorgung (vgl. Dieffenbach, 2007, Rn. 15). Alle diese Umstände werden dazu führen, dass der Kostendruck, welcher bereits heute die deutschen Krankenhäuser belastet, in Zukunft noch weiter ansteigen wird. Darüber hinaus hat sich das Gesundheitsbewusstsein der Bevölkerung nicht zuletzt aufgrund der steigenden Lebenserwartung stark verändert. Es besteht eine hohe Erwartung an die Leistungsfähigkeit des Gesundheitswesens.

2.2 Einführung einer auf Diagnosis Related Groups (DRG) basierenden Fallpauschale zur Abrechnung von Krankenhausleistungen

Im Jahr 2003 wurde in den deutschen Krankenhäusern ein neues Finanzierungssystem eingeführt, welches die krankenhausindividuelle Budgetierung (Abrechnung nach Verweildauer) ab dem Jahr 2004 durch ein durchgängiges, leistungsorientiertes und pauschalierendes Vergütungssystem ablöste. Die Spitzenverbände der Krankenkassen, der Verband der privaten Krankenversicherung und die Deutsche Krankenhausgesellschaft verständigten sich darauf, die „Australian Refined Diagnosis Related Groups" (AR-DRG) zur Grundlage eines zukünftigen deutschen Diagnosis Related Groups-System zu machen. Danach werden voll- und teilstationäre Leistungen aller Krankenhäuser pro Behandlungsfall mittels einer entsprechenden diagnoseorientierten Fallpauschale (sog. Diagnoses Related Groups – DRG) vergütet (URL: http://www.g-drg.de/cms/index.php/inek_site_de/das_institut zitiert 31.03.2008).

Entsprechend der DRG-Systematik bemisst sich das konkrete Entgelt nach den individuellen Umständen des Krankheitsfalls. Die Zuweisung zu einer DRG erfolgt über verschiedene Parameter. Die wichtigsten sind hierbei die Hauptdiagnose sowie gegebenenfalls durchgeführte Prozeduren (Operationen, aufwändige diagnostische oder therapeutische

Leistungen). Eventuell vorhandene Nebendiagnosen können zudem die Schweregradeinstufung beeinflussen. Das DRG-System wird jährlich angepasst und zum Teil auch erweitert, um die Sachgerechtigkeit der Leistungsabbildung zu erhöhen. Rein quantitativ nahm der G-DRG-Katalog für die vollstationäre Versorgung durch Hauptabteilungen um weitere 54 Fallgruppen zu und enthält jetzt 1.089 DRGs (vgl. Steiner/Jaeger, 2008, 38).

Heute und in Zukunft hängt die Vergütung der Krankenhäuser nicht mehr von der Verweildauer des Patienten ab, sondern von einer möglichst effizienten DRG-Kodierung in Haupt- und Nebendiagnosen. Für die korrekte Abrechnung mit den Krankenhäusern ist es daher sehr wichtig, das System und die Kodierung der DRGs genau zu beherrschen, um zu einem möglichst hohen Ergebnis zu kommen. Die dem Krankenhaus tatsächlich entstandenen Kosten werden nicht mehr vergütet.

2.2.1 Zielsetzung des DRG-Systems

Der hauptsächliche Nutzen der DRGs wird heute in einer damit verbundenen wirtschaftlicheren Handlungsweise gesehen. Man erwartet eine gesteigerte Transparenz der Leistungen und eine dadurch verbesserte Vergleichbarkeit der Krankenhausbetriebe. So soll durch die Dokumentation der DRGs der Öffentlichkeit bekannt gemacht machen, wer in welchen Einrichtungen welche Leistungen erbringt (vgl. Bruckenberger, 2001, 621). Potentielle Patienten sehen sich in die Lage versetzt, detaillierte Informationen über die Krankenhäuser zu erlangen und ökonomische Auswahlentscheidungen zwischen den Anbietern zu treffen, was letztlich den Wettbewerb unter den Krankenhäusern fördert.

Die DRGs sollen darüber hinaus zu einer Verbesserung der Behandlungsqualität beitragen. Denn mit dem neuen Preissystem soll nicht mehr die längste Behandlungsdauer, sondern der beste Behandlungserfolg belohnt werden. Dabei wird ein Wettbewerb um die beste Qualität angestrebt
(URL: http://www.die-gesundheitsreform.de/gesetze_meilensteine/gesetze/fpg/index.html zitiert 01.05.08).

Als weiteres Ziel ist die Nutzung zusätzlicher Wirtschaftlichkeitsreserven (Verweildauer, Optimierung der Ablauf- und Aufbauorganisation) zu nennen. Da die Fallpauschalen nicht mehr den tatsächlichen und eventuell aufgrund mangelnder Effizienz übermäßigen Ressourcenverbrauch finanzieren, erhöht das DRG-System das Kostenbewusstsein auf Seite der Krankenhäuser erheblich (vgl. Knüppel, 2003, 390). Die Krankenhäuser müssen künftig mit begrenzten Mitteln auskommen und werden durch die DRGs motiviert, die Verweildauern zu reduzieren, um Kosten einzusparen.

Tatsächlich haben sich die stationären Verweildauern deutlich reduziert. Die Organisation für wirtschaftliche Zusammenarbeit und Entwicklung (OECD) hat festgestellt, dass die Verweildauer der Patienten im internationalen Vergleich in Deutschland am höchsten liegt, obwohl die Deutschen nicht kränker sind als die anderen Nationen. So hat sich die mittlere Verweildauer in den vergangenen Jahren auf 8,6 Tage deutlich reduziert (URL: http://www.sueddeutsche.de/wirtschaft/artikel/928/138644/ zitiert 27.04.08).

2.2.2 Kritische Betrachtung

Ob das DRG-System allerdings zu Kosteneinsparungen führt, ist unklar. In den USA bewirkte das DRG-System keine absolute Kosteneinsparung, sondern nur eine verringerte Ausgabensteigerung gegenüber den Vorjahren. Die Verkürzung der stationären Verweildauer bedingte einen enormen Anstieg der Nutzung poststationärer Einrichtungen und ambulanter Pflege zu Hause. Daher wurde ein Teil der Kosten auf diese Bereiche verlagert. Die Kostenanstiegsrate im ambulanten und stationären Bereich betrug in den fünf Jahren vor der Einführung der DRGs 52 Prozent, in den ersten fünf Jahren nach der DRG-Einführung nur 19 Prozent (vgl. Knüppel, 2003, 389). Die wesentliche Schlussfolgerung, welche aus den Entwicklungen und Vorgängen in den USA für deutsche Krankenhäuser gezogen werden kann, ist, dass den deutschen Krankenhäusern zu empfehlen ist, ihr Augenmerk auf die Kostenseite zu richten. Das Überleben eines Krankenhauses wird in Zukunft in erster Linie davon abhängen, ob es ihm gelingt, die Kosten einer Patientenbehandlung im Mittel kleiner oder zumindest gleich den DRG-Erlösen zu halten. Die Pauschalierung setzt daher Anreize, finanzielle Aspekte über medizinische Notwendigkeiten zu stellen (vgl. Lüngen/Lauterbach, 2002, 38).

2.3 Wirkung der fallpauschalierenden Abrechnung auf die Krankenhauslandschaft

Mit der Einführung der Diagnose orientierten Fallpauschalen und den dadurch bedingten veränderten finanziellen Rahmenbedingungen für die Krankenhäuser, hat sich die Krankenhauslandschaft grundlegend verändert. Es wird nun eine Krankenhausorganisation erforderlich, die sich verstärkt an ökonomischen Gesichtspunkten orientiert. Der Wettbewerbsdruck hat sich durch die Einführung von Budgetobergrenzen verstärkt (vgl. Dieffenbach, 2007, Rn. 9).

Der Abrechnungsprozess wurde durch die Einführung der DRGs viel komplexer und erfordert einen wesentlich größeren Dokumentationsaufwand, welcher für eine korrekte Abrechnung erforderlich ist. Die vollständige und richtige Kodierung der medizinischen Daten hat einen erheblichen Einfluss auf die Erlössituation und die Darstellung der Fallschwere eines Klinikums und ist daher von wesentlicher Bedeutung für das Krankenhaus.

Dies erfordert eine umfassende Unterstützung der medizinischen Bereiche innerhalb eines Krankenhauses, das heisst medizinische und andere relevante Berufsgruppen müssen wesentlich enger als bisher zusammenarbeiten (vgl. Roeder/Rochell/Prokosch/Irps/Bunzemeier/Fugmann, 2001, 115).

Zur Sicherung ihrer langfristigen Existenz sind die Krankenhäuser jetzt gezwungen, zusätzliche Wirtschaftlichkeitsreserven zu mobilisieren und ihre internen Prozesse durch Veränderungen in der Aufbau- und Ablauforganisation zu optimieren. Gelingt die Anpassung nicht, gerät die Einrichtung unter erheblichen Kostendruck, der bis zur Schließung einzelner Fachabteilungen oder des gesamten Hauses reichen kann (vgl. Geisen, 2002, 1). Die Mittel für die Krankenversorgung werden daher langfristig nur noch an diejenigen Krankenhäuser verteilt, die effizient arbeiten. Schließungen und Privatisierungen sind langfristig wahrscheinlich, ebenso eine verstärkte Zentrenbildung (vgl. http://idw-online.de/pages/de/news251380 zitiert 25.04.08) Eine Andersen-Studie geht davon aus, dass es in den nächsten 15 Jahren zur Schließung jedes vierten Krankenhauses kommt und dass sich die Krankenhauslandschaft durch Vernetzung, Konzentration und Fusion gravierend verändern wird (Arthur Andersen/Wandschneider, 2000, 237).

Die finanzielle Situation der deutschen Krankenhäuser ist vor diesem Hintergrund als sehr angespannt und kritisch zu bezeichnen und wird sich angesichts der steigenden Tariflöhne, der höheren Sachkosten insbesondere bei Lebensmitteln und Energie sowie aufgrund des größeren Personal- und Sachmittelbedarfs infolge steigender Behandlungsfälle nicht ohne weiteres Zutun erholen. Im Gegenteil, es ist wohl eine spürbare Verschlechterung in der nahen Zukunft zu erwarten (URL: http://idw-online.de/pages/de/news251380 zitiert 25.04.08).

9

3. Spannungsverhältnis zwischen Wirtschaftlichkeit und Qualität

Der effiziente Umgang mit knappen Ressourcen bedeutet für die Krankenhäuser eine überlebenswichtige Aufgabe. Es muss rationalisiert werden, wobei auf die Gewährleistung von Qualität und auf die Begrenzung der Kosten gesehen wird (vgl. Wendt, 2001, 7). Die Problematik besteht darin, dass die Wirtschaftlichkeit nicht auf Kosten der Qualität erreicht werden darf.

Kosteneinsparungen sind heute insbesondere mit dem Einsparen von Personal verbunden. Auch in Zukunft geht der Trend dahin, Personaleinsparungen im Pflegebereich weiterhin vorzunehmen, weil dies die schnellste und effektivste Art ist, Kosten zu senken. Notwendiger Weise geht dies zu Lasten der Qualität, insbesondere wirkt sich das fehlende, qualifizierte Pflegepersonal negativ auf die Zufriedenheit der Patienten aus.

Im Gegensatz dazu verlangt die Öffentlichkeit von den Krankenhäusern, dass Strukturen, Ergebnisse und Prozesse verbessert werden und dass eine umfassende Qualität der medizinischen Versorgung erreicht wird. Mithin verlangt der Gesetzgeber in § 137 SGB V von den Krankenhäusern Maßnahmen zur Qualitätssicherung. Die Krankenhäuser haben im Abstand von zwei Jahren einen strukturierten Qualitätsbericht zu erstellen (§ 137 Absatz 1 Satz 3 Nr. 6 SGB V), welcher den gesetzlichen Krankenkassen zur Veröffentlichung übermittelt wird. Die Qualitätsberichte dienen der Transparenz und informieren über Leistungsangebot und Engagement der Krankenhäuser im Hinblick auf Qualität und Qualitätssicherung (URL:http://www.aokgesundheitsparner.de/bundesverband/krankenhaus/qualitaetssicherung/qualitaetsberichte/ zitiert 22.04.08).

Im Folgenden soll den Fragen nachgegangen werden, welche Qualität die Krankenhäuser erbringen können (Qualitätsdimensionen) und welche Instrumente und Verfahren für eine Qualitätsverbesserung heute bereits zum Teil eingesetzt werden. Dabei soll veranschaulicht werden, inwieweit diese Instrumente und Verfahren auch tatsächlich geeignet sind, die gewünschte Qualität herbeizuführen bzw. wo ihre Nachteile und Grenzen liegen.

3.1 Qualitätsdimensionen: Struktur-, Prozess- und Ergebnisqualität

Die Qualität bezieht sich auf verschiedene Bereiche eines Krankenhauses. Darunter fallen einerseits die betriebsnotwendigen materiellen und strukturellen Gegebenheiten (Strukturqualität), wie zum Beispiel die Ausstattung eines Krankenhauses, die technischen Geräte, ihre regelmäßige Wartung und Erneuerung. Darüber hinaus gehören auch die Qualität des Personals sowie die Organisation seines Einsatzes hierher. Ein anderer wichtiger Qualitätsbestandteil eines Krankenhauses umfasst die Prozessqualität, welche alle Vorgänge in einem Krankenhaus beschreibt (vgl. Löcherbach/Klug/Remmel-Faßbender/Wendt, 2005, 77). Insbesondere sind damit alle Operationen, die Pflegeprozesse, die Abläufe der diagnostischen Untersuchungen und überhaupt aller Behandlungen sowie die Aufklärung der Patienten gemeint. Ein weiteres wichtiges Qualitätsmerkmal ist die Ergebnisqualität, wobei es um die Effektivität der Gesundheitsversorgung geht (vgl. Ewers/Schaeffer, 2005, 99). Darunter fallen die Ergebnisse der Behandlung, ob zum Beispiel die Schmerzen gelindert wurden, die Wunde geschlossen wurde und ob insgesamt der Patient zufrieden war. Ferner wird als Ergebnis angesehen, ob Nachsorge und Übergang in die häusliche Umgebung und Pflege nahtlos gelang. Das ist der Fall, wenn die Versorgung aus der Sicht der Patienten und seiner Familie als wirksam beurteilt worden ist (vgl. Ewers/Schaeffer, 2005, 99).

3.2 Klinische Behandlungspfade oder „clinical pathways"

Wirkungsvolle Instrumente zur Verbesserung der Prozessqualität sind die sogenannten klinischen Behandlungspfade, die in vielen DRG-Einsatzländern erfolgreich eingesetzt werden. Im Gegensatz zu institutionellen Leitlinien stellen klinische Behandlungspfade einen lokal konsentierten Standard der Patientenbehandlung einer definierten Fall- oder Behandlungsgruppe dar. Der Behandlungspfad beschreibt, wie ein Patient, mit einer definierten Erkrankung systematisch nach einem vorgegebenen Ablauf diagnostiziert und behandelt wird. Bei der Erstellung wirken alle an der Patientenbehandlung beteiligten Mitarbeiter mit (Ärzte, Pflegepersonal und übrige Berufsgruppen). Vorteilhaft ist dabei, dass so die interdisziplinäre Zusammenarbeit und Kommunikation gefördert wird. Ein weiterer Vorteil besteht darin, dass sie die Kodierung und Prozeduren erleichtern. Sie können darüber hinaus die Routinedokumentation ersetzen und neuen Mitarbeitern helfen, sich schnell in die Abläufe der jeweiligen Klinik einzuarbeiten. Einen weiteren Vorteil bietet die Möglichkeit, interdisziplinäre Behandlungen im Standard zu konsentieren (vgl. Roeder/Hensen/Hindle/Loskamp/Lakomek, 2003, 1154). Klinische Behandlungspfade fördern also eine optimale Patientenbehandlung, sie schaffen Kostentransparenz und evaluieren Behandlungsziele (vgl. Roeder/Hensen/Hindle/Loskamp/Lakomek, 2003,

1149). Leider steckt die Entwicklung der klinischen Behandlungspfade in Deutschland noch in den „Kinderschuhen" (vgl. Roeder/Hensen/Hindle/Loskamp/Lakomek, 2003, 1155).

So vorteilhaft und nützlich die klinischen Pfade auch sind, natürlich gibt es auch Bereiche, in welchen sie zu keinem befriedigenden Ergebnis führen. Zwar sind die klinischen Behandlungspfade krankheitsbildspezifisch optimal gestaltet, doch sind sie in ihrer Handhabung unflexibel. Sollte es im Rahmen der Patientenbehandlung zu Komplikationen kommen, bieten sie keine flexiblen Lösungen an. Gerade aus diesem Grunde erweisen sie sich für die Behandlung multimorbider Patienten als ungeeignet. Eine gezielte Beratung bzw. eine Berücksichtigung der individuellen Patienteninteressen findet nicht statt.

3.3 Zertifizierung des Qualitätsmanagements

Wie oben (vgl. Punkt 3.) angesprochen, wird heute der Nachweis eines internen Qualitätsmanagements für Krankenhäuser verlangt, § 137 SGB V. Der Markt bietet dazu unterschiedliche Ansätze und Verfahren. Zu den geläufigsten Verfahren zählt die Zertifizierung des Qualitätsmanagements nach KTQ (Koordination für Transparenz und Qualität im Gesundheitswesen). Daher soll an dieser Stelle dieses Verfahren stellvertretend für alle anderen genannt werden. Das KTQ-Verfahren wurde speziell von Praktikern aus den Krankenhäusern für den Einsatz in Krankenhäusern entwickelt und ist ein freiwilliges Verfahren, welches von einer großen Zahl von Krankenhäusern, die sich zertifizieren lassen wollen, genutzt wird. Das KTQ-Zertifizierungsverfahren bewertet nicht nur die Qualität einzelner Fachabteilungen, sondern überprüft auch prozessorientiert die gesamte Leistung von der Vorbereitung des stationären Aufenthaltes eines Patienten bis zu den Entlassungsmodalitäten. Dabei werden zwei wesentliche Schritte durchgeführt. Zum einen wird eine Selbstbewertung verlangt, in der das Krankenhaus das eigene Qualitätsmanagement begutachtet. Zum anderen wird eine Fremdbewertung vorgenommen, für die sich das Krankenhaus in freier Entscheidung bei einer der KTQ-Zertifizierungsstellen anmeldet. Dabei kontrollieren die KTQ-Visitoren, welche selbst den Berufsgruppen Ärzte, Pflege und Verwaltung arbeiten, das Krankenhaus. Sie untersuchen stichprobenartig das Qualitätsmanagement sowie die Prozesse zur kontinuierlichen Verbesserung. (URL: http://www.ktq.de/ktq_verfahren/index.php zitiert 24.04.08).

Die Zertifizierung dient dazu, die medizinische und pflegerische Leistung der Krankenhäuser in Deutschland transparent zu machen. Der Außenbetrachter soll sich ein Bild von der Krankenhauseinrichtung und seiner Leistungen machen können. Alle zwei Jahre müssen die Krankenhäuser den Zertifizierungsprozess erneut durchlaufen. Die Qualitäts-standards sollen immer wieder neu geprüft werden, um deren Einhaltung zu garantieren.

Allerdings muss hier kritisch angemerkt werden, dass die Qualitätszertifizierung keine 100-prozentige Sicherheit dafür bietet, dass die Qualitätsstandards auch kontinuierlich (in der prüffreien Zeit von zwei Jahren) eingehalten werden. Eine Schwäche des Verfahrens liegt darin, dass erfahrungsgemäß nach dem Erwerb des KTQ-Zertifikats die Qualitäts-managementaktivitäten oft reduziert werden und mit anstehender Re-Zertifizierung erneut enorme Anstrengungen erforderlich sind, um die Zertifizierungsreife zu erlangen (URL: http://www.zeq.de/pix/pdf/01_08_07_Beitrag_Pflege_Management_KTQ_Balanced%20S corecard_050601.pdf zitiert 01.05.08). Das KTQ-Verfahren bewirkt damit häufig nur zeit-punktbezogene Verbesserungsmaßnahmen und spiegelt nicht immer die tatsächlichen Qualitätsstandards wieder. In der heutigen Zeit stellt die KTQ-Zertifizierung ein Muss für die Krankenhäuser dar, welche sich im Qualitätswettbewerb optimal präsentieren wollen. Aufgrund von personellen und finanziellen Engpässen sind die Krankenhäuser jedoch nicht immer in der Lage, alle implementierten und optimierten Ablaufprozesse kontinuier-lich fortzusetzen. So kann es dazu kommen, dass ein Krankenhaus trotz erfolgter KTQ-Zertifizierung nicht das erforderliche Qualitätsmanagement besitzt.

Festzuhalten bleibt, dass deutsche Krankenhäuser leider noch zu wenig von der Mög-lichkeit Gebrauch machen, klinische Behandlungspfade zu implementieren, welche eine optimale und effiziente Patientenbehandlung fördern. Daneben führen Zertifizierungsver-fahren wie das Verfahren nach KTQ häufig nicht zu den gewünschten Ergebnissen. Lei-der verpassen sehr viele Häuser dadurch eine effiziente Prozessgestaltung sowie auch die Möglichkeit, durch den optimalen Einsatz der vorhandenen Ressourcen effektiv Kos-ten einzusparen. Im Gegenteil, durch die Nichtaufrechterhaltung der zunächst eingerich-teten Prozesse verursachen sie unnötige Kosten, was sich wiederum negativ auf die Wirtschaftlichkeit eines Hauses niederschlägt.

3.4 Prozessoptimierung als hervorzuhebende Aufgabe der Krankenhäuser in Deutschland

Da die finanziellen Ressourcen immer knapper werden, muss nach einer Möglichkeit gesucht werden, effizienter zu wirtschaften. Die Analyse und kritische Überwachung von Strukturen und Abläufen ist eine der wichtigsten (vgl. Dieffenbach, 2007, Rn. 10). Die Krankenhäuser müssen ihre knappen Ressourcen bestmöglichst ausschöpfen und die Krankenhausabläufe und –prozesse optimieren. Überflüssige Handlungen, wie beispielsweise unnötige Untersuchungen oder doppelte Wege müssen vermieden werden, insbesondere muss das Personal optimal eingesetzt werden. Die Krankenhäuser müssen auch die Kostenseite im Auge behalten und darauf achten, dass ihre Ausgaben stets im Rahmen ihres Budgets bleiben. Die Implementierung von Prozessmanagement zur Optimierung von krankenhausinternen Abläufen wird eine zentrale Aufgabe der Krankenhäuser sein und ist von immenser wirtschaftlicher Bedeutung.

Gerade im Bereich von Schnittstellen können Unwirtschaftlichkeiten aufgespürt werden. Das erfordert allerdings einen gesonderten Prozess, der unabhängig von den Einflüssen verschiedenster Berufsgruppen stattfinden muss, um die optimale Patientenversorgung zu koordinieren und zu kontrollieren. Dabei müssen ineffiziente Abläufe aufgedeckt und Organisationsdefizite abgebaut werden. Insbesondere müssen interne Abläufe überprüft werden, um Kosten zu vermeiden, welche infolge überflüssiger Diagnoseverfahren oder mangelnder Planung zu längeren Verweildauern führen.

Wendt macht in diesem Zusammenhang auf die „unzureichende Verzahnung der Versorgungsstrukturen" aufmerksam (vgl. Löcherbach/Klug/Remmel-Faßbender/Wendt, 2005, 37) durch welche auch Qualitätsdefizite entstehen, die sich insbesondere bei chronisch Kranken und multimorbiden Patienten auswirken. Die Prozesssteuerung muss sich daher auch auf den Zustand des Patienten nach der Behandlung und Betreuung richten. So sind Kosteneinsparungen durch vermehrte und enge Kooperationen mit dem ambulanten Sektor, mit niedergelassenen Ärzten, mit anderen Krankenhäusern sowie mit Reha- und Pflegeeinrichtungen zu erreichen (vgl. Knüppel, 2003, 390).

Es bleibt festzuhalten, dass Prozessoptimierung sowohl zur erforderlichen Qualität als auch zur Wirtschaftlichkeit eines Hauses führt. Nur so können die Krankenhäuser adäquat auf den entstandenen Wettbewerbsdruck reagieren.

4. Lösungsansatz Casemanagement

Die Kliniken sind also gefordert, ihre Leistungsprozesse so auszurichten, dass eine qualitativ hochwertige Behandlung möglichst effizient erbracht wird. Eine mögliche Lösungsstrategie hierzu kann der aus den USA und England stammende Handlungsansatz Case Management sein. Case Management sorgt für Kooperation und Koordination, für Kontrolle von Kosten und Qualität der Hilfen und Behandlungen. Des Weiteren soll es dafür sorgen, unnötige und unwirksame Leistungen zu vermeiden (vgl. Wendt, 2001, 7).

Im Folgenden soll dargestellt werden, was Case Management im ursprünglichen Sinne ist, welche Ablaufphasen durchlaufen werden und welche Aufgaben und Funktionen Case Management im Krankenhaus übernimmt.

4.1 Definition und geschichtliche Entwicklung

Das Konzept des Case Management lässt sich am besten nachvollziehen, wenn man seine Entstehungsgeschichte kennt. Case Management stammt aus dem angloamerikanischen Raum und bedeutet übersetzt soviel wie „Fallmanagement". Anders als im klassischen Sinne des Case Work der Sozialarbeit steht hier nicht die psychosoziale Beziehungsarbeit im Vordergrund, sondern die rationale Steuerung von Unterstützungs- und Hilfeprogrammen für einzelne Menschen. Der Begriff „Unterstützungsmanagement" (vgl. Wendt 1991, 25) soll dabei verdeutlichen, dass nicht Fälle im Sinne von Menschen gemanaged werden sollen, sondern dass vielmehr Unterstützungsprozesse gemeint sind. In der Literatur lässt sich keine einheitliche Definition von Case Mangement finden. Es gibt allerdings eine offizielle Definition, deren Formulierung von dem Vorstand der Case Management Society of Amerika 1995 gebilligt wurde und die übersetzt wie folgt lautet: „Case Management ist ein Prozess der Zusammenarbeit, in dem eingeschätzt, geplant, umgesetzt, koordiniert und überwacht wird und Optionen und Dienstleistungen evaluiert werden, um dem gesundheitlichen Bedarf eines Individuums mittels Kommunikation und mit den verfügbaren Ressourcen auf qualitätvolle und kostenwirksame Ergebnisse hin nachzukommen" (vgl. Wendt, 2001, 154).

Case Management findet seinen Ursprung in den USA und ist insbesondere auf die Entwicklungen infolge der Reorganisation der sozialen und gesundheitlichen Versorgung in den siebziger Jahren des letzten Jahrhunderts zurückzuführen (vgl. Wendt, 2001, 14). Chronisch psychisch kranke, geistig behinderte und pflegebedürftige Menschen wurden in großer Zahl aus der stationären Unterbringung entlassen, da sich die Erkenntnis verbreitet hatte, es sei eines Menschen unwürdig und nicht mit seinen Rechten vereinbar, ihn in Anstalten festzuhalten. Darüber hinaus stellte man fest, dass die stationäre Versorgung finanziell zu teuer war und nicht den gewünschten Nutzen brachte. Es erfolgte eine massive Umorientierung zu ambulanten Hilfen, welche in der Literatur als „Deinstitutionalisierung" bezeichnet wird (vgl. Wendt, 2001, 15). Infolge der Deinstitutionalisierung mussten tragfähige ambulante Dienstleistungssysteme in den Gemeinden geschaffen werden, welche die notwendigen sozialen, pflegerischen und medizinischen Unterstützungsleistungen für die Betroffenen erbringen sollten. 1977 entwickelte das National Institute of Mental Health (NIMH) ein Community Support Program, welches erstmalig die Bereitstellung eines Casemanagers vorsah, dessen Aufgabe darin bestand, steten Kontakt zu dem Betroffenen zu halten und für ihn die nötigen Versorgungsdienstleistungen zu koordinieren.

In Großbritannien entwickelte sich das Case Management auf andere Art und Weise. Vor dem Hintergrund nationaler zentraler Entscheidungen, die in den achtziger Jahren eine Reform des öffentlichen Dienstes und des staatlichen Gesundheitssystems (National Health Care) anstrebten, sollten die Sozialdienste und das Gesundheitswesen effektiver und effizienter gestaltet werden. Beauftragte Sozialarbeiter erhielten ein gewisses Budget zur Versorgung Pflegebedürftiger und sollten im Rahmen dieser finanziellen Mittel für ihre Klienten eine ambulante oder teilstationäre Unterbringung organisieren. Das Projekt erwies sich als sehr kosteneffektiv, da aufgrund der vermiedenen Heimunterbringungen Gelder eingespart werden konnten. Auch in anderen Ländern Europas wurde aufgrund struktureller Wandlungen in den Gesundheitssystemen das Konzept des Case Management diskutiert und traf in Deutschland im Rahmen der Sozialarbeit auf Resonanz. Im Vordergrund stand hier das Anliegen einer methodischen Neuorientierung und Modernisierung der Sozialarbeit.

Heute ist Case Management insbesondere in den Bereichen der Altenhilfe, Rehabilitation, der Psychiatrie, der Jugendhilfe und der Arbeit mit Drogenabhängigen und chronisch kranken Menschen zufinden. Demgegenüber ist die Bedeutung des Case Managements innerhalb der Krankenhauslandschaft in Deutschland noch als gering einzustufen. Es sollte das Interesse der deutschen Krankenhäuser sein, die Weiterentwicklung von Case Management zu fördern und die Implementierung entsprechender Abteilungen vorzunehmen.

4.2 Ablaufphasen des Case Managements

Im Case Management geht es zunächst darum, einzelne Menschen auf der Grundlage einer spezifischen Methodik durch das Versorgungssystem zu begleiten und die für sie relevanten Dienstleistungen zu erschließen und zu koordinieren. Ziel ist die individuelle und kontinuierliche Begleitung des Klienten über Schnitt- und potentielle Bruchstellen im Versorgungssystem und im Leistungsrecht hinweg. Die Methodik, die hierbei zur Anwendung kommt, entspricht in ihrer grundsätzlichen Ablaufstruktur Verfahrensmodellen aus Bereichen wie dem Projektmanagement oder dem Management von Pflegeprozessen. Gleichwohl ist Case Management ein ganzheitlich-integratives Handlungskonzept, welches über die Ebenen der Planungs- und Ablaufprozesse, wie z.B. der Pflegeplanung oder Steuerung des Pflegeprozesses, hinausgeht.

Unabhängig von spezifischen Modifizierungen einzelner Autoren werden dem Handlungsschema des Case Managements in der Regel die Schritte des Assessment, der Service-Planung, der Implementierung der Dienstleistungen, des Monitorings und der Evaluation des Unterstützungsprozesses zugeordnet. Im Folgenden sollen die wesentlichen Charakteristika dieser Handlungsschritte des Case Managements dargestellt werden.

4.2.1 Intake
Die erste Stufe des Case Managementprozesses stellt das sogenannte Intake dar. Es beinhaltet die Aufnahme des Patienten bzw. Klienten in den Case Managementprozess.

4.2.2 Assessment
Im zweiten Schritt wird ein Assessment durchgeführt. Es dient der Einschätzung der konkreten Lage des Patienten. Zur Abklärung der Situation und Lage gehören ihre Beschreibung, die Analyse und die Bewertung des Ist-Zustandes. Dieser Prozess geschieht mittels einer ausführlichen Patientenbefragung. Aus dem Assessment lässt sich dann der individuelle Versorgungsbedarf des Patienten ermitteln. Die Einschätzung betrifft die Situation einer einzelnen Person oder einer Familie oder einen anderen sozialen Zusammenhang, und sie kann sich unterschiedlich weit erstrecken (Vgl. Wendt, 2001, 108). Insbesondere soll das Assessment auch dazu dienen, vorhandene Ressourcen im Bereich des Klienten aufzudecken, die für die spätere Versorgung eine Rolle spielen können. Der Assessmentprozess ist für das Case Management von zentraler Bedeutung, da dieser als Grundlage eines Versorgungsplanes dient.

4.2.3 Entwicklung eines Versorgungsplans

Mittels der aus dem Assessment gewonnenen Daten und Informationen wird in einem dritten Schritt in Absprache mit dem Patienten ein individueller Versorgungsplan erstellt und dokumentiert. Dieser enthält die Festlegung der individuellen Versorgungsziele, die Planung der dazu notwendigen Maßnahmen und eine Abstimmung der Verantwortlichkeiten der beteiligten Helfer.

4.2.4 Implementierung des Versorgungsplans

Innerhalb der vierten Stufe, welche die Implementierung des Versorgungsplans beinhaltet, hat der Case Manager das Leistungsgeschehen zeitgemäß zu koordinieren. Dabei muss er sich mit den Leistungsanbietern und den jeweiligen Kostenträgern in Verbindung setzen.

4.2.5 Monitoring

In einem fünften Schritt erfolgen Kontrolle und Dokumentation der Leistungserbringung. Das Monitoring dient dazu, den Zielerreichungsgrad festzustellen und vorhandene Qualitätsmängel zu erkennen und aufzudecken. Dies kann gegebenenfalls zu einer rückwirkenden Änderung des Versorgungsplans führen.

4.2.6 Evaluation und Abschluss

In der letzten Phase wird abschließend entschieden, ob die Versorgungsleistungen beendet oder fortgesetzt werden. Der Fall ist abgeschlossen, wenn eine Lösung des zu bearbeitenden Versorgungsproblems gefunden und erfolgreich durchgeführt wurde. Sollte sich die Situation verschlechtert haben, leitet der Case Manager eine angemessene Anpassung des Versorgungsplans in die Wege, um bessere Resultate zu erreichen (vgl. Wendt, 2001,160).

4.3 Klassische Funktionen des Casemanagers

In der Literatur werden die verschiedensten Funktionen des Case Managers diskutiert. Als Kernfunktionen haben sich die folgenden drei Kategorien durchgesetzt. Es handelt sich hierbei um idealtypische Formen, die in der Praxis in vielfältiger Weise miteinander kombiniert und je Zielsetzung des Arbeitgebers unterschiedlich gewichtet sind. (Ewers/Schaeffer, 2005, 71)

4.3.1 Advocacy

Unter Advocacy ist die anwaltschaftliche Funktion des Case Managers zu verstehen. Im Vordergrund steht der Gedanke, dass der Case Mangager wie ein Anwalt der Betroffenen auftritt und für die persönlichen Interessen der Menschen eintritt, die angesichts ihrer kurz-, mittel- oder langfristigen individuellen Hilfsbedürftigkeit dazu nicht in der Lage sind. Sie sollen die Möglichkeit erhalten, „ihre Bedürfnisse und Bedarfslagen in einem intensiven, demokratisch legitimierten Aushandlungsprozess mit den politisch-institutionellen Instanzen in einem befriedigenden Umfang zu realisieren". (Ewers/Schaeffer, 2005, 63) Der Case Manager soll sich direkt in die Situation seiner Klienten hineinversetzen und konsequent mit seinem professionellen Fallverständnis Probleme analysieren.

Dabei entwickelt der Case Mangager gemeinsam mit dem Patienten eine individuelle Bewältigungsstrategie, um schließlich eine weitgehende (Re-)Autonomisierung des Patienten und seines sozialen Umfeldes zu erreichen.

Angesichts der wachsenden Unübersichtlichkeit an Versorgungseinrichtungen und – leistungen und der damit verbundenen Schwierigkeit, ein passendes Versorgungsarrangement zu erreichen, kommt der Advocacy-Funktion des Case Managers wesentliche Bedeutung zu, wenn es darum geht, die abstrakten Rechte der Betroffenen auf soziale Leistung mit den vorhandenen Ressourcen zu koordinieren und einen konkreten Zugang zu den Versorgungsleistungen zu arrangieren.

4.3.2 Broker

Die Broker-Funktion, welche auch als Makler- oder Vermittler-Funktion bezeichnet wird, stellt die einfachste Form des Case Management dar. Hierbei vermittelt der Case Manager mit Hilfe seiner Kenntnisse der Leistungsangebote der verschiedenen Dienstleister dem Betroffenen die optimale Versorgung. Für diese Funktion ist von Bedeutung, dass der Case Manager nicht selbst bei einem Leistungserbringer angesiedelt ist und somit unabhängig von spezifischen Interessen agieren kann (vgl. Ewers/Schaeffer, 2005, 66). Dabei entscheidet er gemeinsam mit dem Patienten über die Nutzung der verschiedenen Angebote und baut sie in den Versorgungsplan ein.

4.3.3 Gate-Keeper

Die Gate-Keeper-Funktion ist gekennzeichnet durch ihren ausgabenzentrierten Fokus („guarding the dollars"). Dahinter steht die Idee, dass es eine sozialverträgliche Kontrolle eines ungehinderten Zugangs der gemeinschaftlich finanzierten Sozialleistungen geben muss (vgl. Ewers/Schaeffer, 2005, 69). Der Gate-Keeper hat die Aufgabe, die für eine Versorgung notwendigen Mittel bei den diversen Kostenträgern zu akquirieren und anschließend eine ausgabenorientierte Steuerung des gesamten Versorgungssystems vorzunehmen. Er ist zugleich mit der Budgetkontrolle und –verwaltung betraut und soll durch gezielte Selektion und ein kontinuierliches Monitoring für eine angemessene und zielgerichtete Verwendung der Ressourcen des Versorgungssystems sorgen (vgl. Ewers/Schaeffer, 2005, 71). Angesichts der begrenzten finanziellen Ressourcen und der darauf beruhenden angespannten Finanzlage im Gesundheitssystem gewinnt diese Funktion zunehmend an Bedeutung.

4.4 Funktionen des Casemanagers im Krankenhaus und seine Aufgaben

Der Case Manager wird im Rahmen seiner Tätigkeit im Krankenhaus in der Regel jede der oben genannten Funktionen einnehmen. Allerdings wird er anlässlich der angespannten finanziellen Situationen der Krankenhäuser in erster Linie die Gate-Keeper-Funktion wahrnehmen und vornehmlich als Prozessoptimierer bzw. Koordinator agieren.

Die spezifische Rolle des Casemanagers im Krankenhaus wird durch die verschiedenen Aufgaben bestimmt, welche im Rahmen des Betreuungsverlaufs und der Koordination der Versorgung eines Patienten anfallen. Zunächst ist hier die klinische und beratende Rolle zu nennen, welche zur Aufgabe hat, die vorhandenen potentiellen Gesundheitsprobleme durch Einschätzung des physischen, psychosozialen und geistigen Zustandes des Patienten zu identifizieren. Dies erfolgt zunächst bei der Aufnahme, d.h. dem Intake. Hier muss der Casemanager den ersten Kontakt mit dem Patienten aufnehmen, um zu prüfen, ob die notwendige Behandlung des Patienten einen komplexen Fall darstellt, welcher dem Case Management unterfällt. Ferner kommt die klinische Rolle zum tragen bei der Erstellung eines individuell abgestimmten Versorgungsplans und der Kontrolle des reibungslosen Ablaufs der medizinischen Behandlung und Pflege in den jeweiligen Gesundheitseinrichtungen.

Daneben muss der Casemanager als Koordinator auftreten, indem er die Koordinierung der medizinischen und pflegerischen Versorgung des Patienten während des Krankheitsverlaufs übernimmt. Er muss dafür sorgen, dass die Wege der Behandlung eines Patienten von der Aufnahme an bis zu seiner Entlassung und der sich möglicherweise daran anschließenden poststationären Versorgung nahtlos funktionieren, d.h. ohne Wartezeiten und Komplikationen. Sollte es zu Komplikationen kommen, ist er für jeden erkennbar der richtige Ansprechpartner und muss entsprechend des Heilungsverlauf des Patienten die jeweiligen vorgesehenen Untersuchungen und Abläufe umterminieren oder völlig neu planen. Der Casemanager hat hier die Aufgabe, steuernd die Strukturierung des Versorgungsprozesses des Patienten zu begleiten. Dabei muss er entlang des Krankheits- und Behandlungsverlaufs eines Patienten agieren und natürlich auch quer zu den Versorgungseinrichtungen und übrigen Dienstleistern die medizinische Versorgung koordinieren (vgl. Peer, 2007, 33). Er fungiert hier als Mittler zwischen Hausarzt, nicht ärztlichen Therapeuten und professionellen Leistungsanbietern und stellt damit die notwendige Zusammenarbeit und organisatorische Koordination im Interesse der Patienten sicher. Der Netzwerkgedanke steht hier im Vordergrund. Ferner leitet er Betroffene an, wie diese selbstverantwortlich den reibungslosen Alltagsablauf in allen gesundheitlichen Belangen steuern können. Eine weitere wichtige Aufgabe liegt in der Unterstützung der Familien, die ihre Angehörigen zu Hause betreuen (vgl. Thomas, Kircher, Wirnitzer, 2003, 465).

Als dritte Rolle kommt die betriebswirtschaftliche Rolle in Betracht (vgl. Peer, 2007, 33), die ihm Aufgaben eines Controllers auferlegt (Gate-Keeper). Im Rahmen dessen hat der Casemanager das Betriebsbudget, welches sich aus der Einstufung der DRGs ergibt, zu überwachen und mögliche Auswirkungen hierauf zu verzeichnen. Er kontrolliert die anfallenden Kosten für einzelne medizinische Diagnosen, und behält die festgelegte Verweildauer und die Therapien und Prozeduren im Auge, welche bei den einzelnen Diagnosen zutreffen. Schließlich hat der Casemanager die vorhandenen Ressourcen zu prüfen und die Effizienz der Versorgung zu evaluieren.

5. Chancen und Einsatz des Case Managements im Krankenhaus

5.1 Potentiale des Case Managements

Das Case Management kommt mit seiner systematischen Steuerung der Prozesse den Anforderungen eines Qualitätsmanagements mit Bedarfsklärung, Zielvereinbarung, Hilfeplanung, Dokumentation und Evaluation entgegen (vgl. Löcherbach/Klug/Remmel-Faßbender/Wendt, 2005, 76) und ist daher als Bestandteil eines modernen Krankenhausmanagements gut geeignet. Es greift dort ein, wo beispielsweise Klinische Behandlungspfade nicht weiterhelfen bzw. noch gar nicht implementiert wurden oder wo die Zertifizierung des Qualitätsmanagements nicht zum gewünschten Ergebnis führt.

Im Rahmen seiner Aufgabe als Koordinator sorgt der Case Manager dafür, dass sowohl die Versorgungsqualität verbessert und eine optimale Leistungsprozessgestaltung kontinuierlich erreicht wird. Die Schwächen des KTQ-Verfahrens, lediglich zeitpunktbezogene Verbesserungsmaßnahmen hervorzurufen (vgl. Punkt 3.3), würden so nicht zum Tragen kommen. Im Gegenteil, die Zertifizierung würde entsprechend ihres Zieles zur Unterstützung eines kontinuierlichen Optimierungsprozesses innerhalb der Patientenversorgung beitragen.

Wie oben (Punkt 3.2) erörtert, können klinische Behandlungspfade nicht bei komplizierten Fällen angewendet werden, insbesondere wenn multimorbide Patienten betroffen sind. Hierin besteht der Vorteil des Case Managements für das Krankenhaus: Der Case Manager kann individuell auf die betroffenen Patienten eingehen und sie gezielt beraten. Des weiteren finden die klinischen Behandlungspfade ihre Grenzen, wenn es um die Vergabe von Terminen geht und um die Verkürzung der Wartezeiten der Patienten. Hier zeigt sich wiederum, dass der Case Manager besondere Vorteile für ein Krankenhaus bietet. Er ist Anlaufstelle vor Ort und koordiniert Termine, um Wartezeiten und längere Verweildauern im Krankenhaus zu vermeiden. Insbesondere kann er flexibel auf Probleme reagieren und ist so gerade für die Betreuung der multimorbiden Patienten geeignet. Die Patientenzufriedenheit wird gewährleistet. Damit gewinnt das Krankenhaus Pluspunkte bei der Prozess- und Ergebnisqualität. Sollte ein Krankenhaus die klinischen Behandlungspfade nicht implementiert haben, könnte der Case Manager für deren Implementierung sorgen. Der Case Manager trägt also erheblich dazu bei, das Qualitätsmanagement zu leben und zu verbessern.

Die Implementierung des Case Managements trägt nicht nur dazu bei, das Qualitätsmanagement zu optimieren und die Qualitätsstandards zu garantieren, sondern es unterstützt auch die Krankenhäuser bei der Kostenreduktion. Der Case Manager überwacht innerhalb seiner Funktion als „Gate-Keeper" das Budget der Versorgungsleistungen und sorgt dafür, dass das Budget nicht durch z.b. überflüssige Diagnosen überschritten wird. Eine Kostenreduktion kann beispielsweise durch eine Verweildauerverkürzung der stationären Krankenhausaufenthalte sowie durch Vermeidung von Wiedereinweisungen, sogenannten Drehtüreffekten, und akuter Notfälle, vermieden werden (vgl. Thomas, Kirchner, Wirnitzer, 2003, 463; Peer, 2007, 32). Des Weiteren ist seine Funktion als Prozessoptimierer und Koordinator nicht zu unterschätzen, abgesehen von der starken Qualitätssteigerung, die hiermit verbunden ist, trägt der Case Manager durch die richtige Terminierung wesentlich zu Kosteneinsparungen bei, die aufgrund zu langer Verweildauern entstehen würden.

Hier kann gesehen werden, welche enormen Potentiale das Case Management für die Krankenhäuser bietet, insbesondere hinsichtlich Wirtschaftlichkeit und Qualität.

5.2 Anforderungen an das Qualifikations- und Persönlichkeitsprofil eines Casemanagers

In diesem Zusammenhang stellt sich die Frage nach dem Anforderungsprofil eines Case Managers und seinem Persönlichkeitsprofil. Entsprechend seiner Funktionen muss der Case Manager vielfältige Anforderungen erfüllen.

Weil der Casemanager die medizinischen Versorgungsleistungen optimal arrangiert und den Patienten beratend zur Seite steht, benötigt er ein hohes Maß an Fallverständnis sowie klinische und soziale Kompetenzen. Notwendig sind ferner Kenntnisse über das Versorgungssystem und dessen Strukturen im Gesundheits- und Sozialwesen sowie über die in ihm vorhandenen Ressourcen und praktizierten Handlungsabläufe (vgl. Ewers/Schaeffer, 2005, 65). Neben organisatorischen Fähigkeiten sind ein Höchstmaß an persönlicher Autorität, Überzeugungskraft und integrativer Fähigkeiten erforderlich (vgl. Schwaiberger, 2005, 64; Peer, 2007, 33). Da es ihm zusätzlich gelingen muss, eine Vertrauensbasis zu einem Klienten aufzubauen, ohne sich in Beziehungsarbeit zu verlieren, benötigt er Kompetenzen, um Rechte und Ansprüche in Verhandlungen durchzusetzen und Veränderungen auf der Ebene der Dienstleistungserbringung, wie z.B. den Krankenkassen, einzuleiten und umzusetzen. Sein Persönlichkeitsprofil verlangt daher sehr gute kommunikative und organisatorische Fähigkeiten sowie Durchsetzungsstärke.

5.3 Positionierung des Casemanagers in der Krankenhausorganisation

Zunächst ist der Krankenhausträger für die Gestaltung des Krankenhausbetriebs verantwortlich und kann insofern die Implementierung des Case Managements im Rahmen der geltenden Gesetze frei regeln (vgl. Schwaiberger, 2005, 66). Dabei ist die Schaffung einer Case Management Abteilung erforderlich, die als Partner neben allen Fachabteilungen angesiedelt ist. Der Case Manager untersteht innerhalb der Krankenhausorganisation zwar der Krankenhausleitung, ist ansonsten aber weisungsungebunden. Es empfiehlt sich die Case Management Abteilung als Stabsstelle der Krankenhausleitung anzugliedern (vgl. Schwaiberger, 2005, 69). Die Unabhängigkeit erscheint deswegen so wichtig, damit die eventuell zwischen den unterschiedlichen Berufsgruppen entstehenden Konflikte frei von internen Zwängen diskutiert und ausgetragen werden können und darüber hinaus das als „Schnittstellenproblem" (vgl. Schwaiberger, 2005, 13) bezeichnete Organisationsdefizit der Krankenhäuser besser gelöst werden kann. Des Weiteren erhöht eine interdisziplinär organisierte Case Management Abteilung auch die Akzeptanz bei den übrigen Professionen, wodurch wiederum die Effektivität des Case Managers gestärkt wird.

5.4 Personaleffizienz des Casemanagers

Die Frage, ob sich Case Management lohnt, wurde von Frau Professorin Güse (vgl. Güse/Frankenberger, 2007, 1046) im Rahmen einer Nutzwert- und Kostenanalyse untersucht. Die Nutzwertanalyse bezog sich dabei auf die Gewichtung von vier Zielkomponenten: durchschnittliche Verweildauer senken, Kodierqualität steigern, Patientenzufriedenheit erhöhen und schließlich Mitarbeiterzufriedenheit erhöhen. Im Rahmen der Kostenanalyse wurde zwischen den einmaligen Kosten der Einführung und den laufenden Kosten unterschieden. Zu Letzteren zählen Personalkosten sowie Büromaterial. Die durchgeführte Kostenanalyse zeigte im Ergebnis, dass die Kosteneinsparungen und zusätzlichen Erlöse die laufenden Kosten überstiegen. Nach der zugrundeliegenden Schätzung würden die Kosten der Einführung im ersten Jahr nach der Einführung des zentralen Case Managements erwirtschaftet. Es scheint also sowohl aus Nutzen- als auch aus Kostengesichtspunkten sinnvoll, das Konzept des Case Managements in deutsche Krankenhäuser einzuführen.

6. Schlussbetrachtung und Ausblick

Die Weiterentwicklung des Gesundheitswesens muss grundsätzlich vor dem allgemeinen Hintergrund der wirtschaftlichen Lage Deutschlands gesehen werden. Die wichtigsten Ursachen für den kontinuierlichen Anstieg der Gesundheitsausgaben in Deutschland sind meines Erachtens die demographische Entwicklung und die Einführung des DRGs-Systems. In der gesundheitspolitischen Diskussion fällt immer häufiger der Begriff Case Management. Es wird als Handlungskonzept innerhalb der Sozial- und Gesundheitsversorgung zukünftig eine größere Rolle spielen. Gerade in Zeiten grundlegender Veränderungen erscheint es geboten von Seiten aller Beteiligten, den Überblick zu bewahren. Case Management bietet einen Raum für Gestaltungsmöglichkeiten, wie beispielsweise Prozessoptimierung, Gestaltung von klaren Strukturen, Nutzung der Ressourcen und Erlössicherung, gezielte Beratung und die Berücksichtigung der Patienteninteressen innerhalb der Versorgungspläne. Leider ist das Case Management in Deutschland noch nicht weit verbreitet. Zwar gibt es einige Modellprojekte, die versuchen, institutions- und berufsübergreifende Kooperationsformen zu entwickeln, diese werden aber teilweise aufgrund von fehlenden finanziellen Mitteln nicht weitergeführt. Die alten Denkweisen und hierarchischen Kämpfe innerhalb der Institutionen im Gesundheitsbereich stellen noch zu überwindende Hindernisse dar. Die Grundeinstellung für eine interdisziplinäre und kooperative Zusammenarbeit muss sich noch „Case Management freundlicher" entwickeln.

Es bleibt zu befürworten, die Methode des Case Managements flächendeckend in die deutschen Krankenhäuser einzuführen und zu implementieren.

Literaturverzeichnis

Arthur Andersen / Wandschneider, Ulrich: Krankenhaus 2015. Auszüge aus einer Studie von Arthur Andersen. In: f&w 3, 17, 2000, S. 237

Bruckenberger, Ernst: Das Krankenhaus im DRG-Zeitalter. Auswirkung des DRG-Systems auf Krankenhausplanung, Leistungsstrukturen und Investitionsfinanzierung. In: Krankenhausumschau 8, 70, 2001, S. 620-625

Dieffenbach, Susanne: Prozessmanagement im Krankenhaus. In: Dieffenbach, Susanne / Harms, Käte /Heßling-Hohl, Monika / Müller, Joachim F. W. / Rosenthal, Thomas / Schmidt, Hans-Ulrich / Thiele, Günter (Hg.): Management Handbuch Pflege. München 2007, S. 1-8

Ewers, Michael / Schaeffer, Doris: Case Management in Theorie und Praxis. Bern 2005.

Geisen Richard: Zur Einführung. In: Mühlbauer, Bernd H. / Geisen, Richard (Hg.): Herausforderung DRG. Das Krankenhaus zwischen Qualitäts- und Kostenmanagement. Management und Humanität im Gesundheitswesen. Münster 2002, S. 1-5

Güse, Christine / Frankenberger, Silke: Lohnt sich Case-Management? In: Krankenhausumschau 11, 76, 2007, S. 1046-1049

Knüppel, Dirk: Die DRG-Einführung und ihre Folgen – Lehren aus den USA. In: Das Krankenhaus 5, 95, 2003, S. 387-391

Löcherbach, Peter / Klug, Wolfgang / Remmel-Faßbender, Ruth / Wendt, Wolf Rainer: Case Management. Fall- und Systemsteuerung in der Sozialen Arbeit. München 2005.

Lüngen, Markus / Lauterbach, Karl: Ergebnisorientierte Vergütung bei DRG. Qualitätssicherung bei pauschalierender Vergütung stationärer Krankenhausleistungen. Berlin, Heidelberg 2002.

Peer, Sabine: Geschärfter Blick für das Ganze. Case Management unter dem Gesichtspunkt von Prozessoptimierung und Wirtschaftlichkeit. In: Krankenhausumschau 1, 76, 2007, S. 32-34

Roeder, N. / Hensen, P. / Hindle, D. / Loskamp, N. / Lakomek, H.-J. : Instrumente zur Behandlungsoptimierung. Klinische Behandlungspfade. In: Der Chirurg 12, 74, Berlin/Heidelberg 2003, S. 1149-1155

Roeder, Norbert / Rochell, Bernhard / Irps, Sebastian / Fugmann, Marina / Bunzemeier, Holger / Prokosch, Hans-Ulrich: DRGs, Qualitätsmanagement und medizinische Leitlinien – Medizinmanagement tut Not. In: das Krankenhaus 2, 93, 2001, S.115-122

Schwaiberger, Maria: Case Management im Krankenhaus. Melsungen 2005.

Statistische Ämter des Bundes und der Länder: Demographischer Wandel in Deutschland Bevölkerungs- und Haushaltsentwicklung im Bund und in den Ländern. Heft 1, 2007, 1-36

Statistische Ämter des Bundes und der Länder, Demografischer Wandel in Deutschland, Auswirkungen auf Krankenhausbehandlungen und Pflegebedürftige im Bund und in den Ländern, Heft 2, 2008, S. 1-34

Steiner, Peter / Jaeger, Christian: Präzisierung und Konsolidierung. G-DRG-System 2008: Die wesentlichen Änderungen. In: Krankenhausumschau 2, 77, 2008, S. 37-40

Thomas, Birgit / Kircher, Manfred / Wirnitzer, Bruno: Die städtischen Krankenhäuser München Bogenhausen und München Neuperlach stellen zwei unterschiedliche Modelle vor. Zwei Ansätze für Case-Management. In: PflegeAktuell 9, 57, 2003, S. 462-465

Wendt, Wolf Reiner: Case Management im Sozial- und Gesundheitswesen. Eine Einführung. Freiburg im Breisgau 2001.

Wendt, Wolf Reiner: Unterstützung fallweise: Case Management in der Sozialarbeit. Freiburg im Breisgau 1991.

Zitate aus dem Internet:

AOK Die Gesundheitskasse: Strukturierte Qualitätsberichte.
URL: http://www.aok-gesundheitspart-ner.de/bundesverband/krankenhaus/qualitaetssicherung/qualitaetsberichte/ zitiert 22.04.08

Bundesministerium für Gesundheit: Fallpauschalengesetz – FPG.
URL: http://www.die-gesundheitsreform.de/gesetze_meilensteine/gesetze/fpg/index.html zitiert 01.05.08

Grünheid, E. (Bundesinstitut für Bevölkerungsforschung (BiB)): Die demographische Lage in Deutschland 2006.
URL: http://www.bib-demogra-phie.de/cln_050/nn_750722/SharedDocs/Publikationen/DE/Download/Demolage/Demola

ge2006,templateId=raw,property=publicationFile.pdf/Demolage2006.pdf   zitiert
07.04.2008

InEK GmbH – Institut für das Entgeltsystem im Krankenhaus: Das Institut.
URL: http://www.g-drg.de/cms/index.php/inek_site_de/das_institut zitiert 31.03.2008

Kasper, Claudio / Kasper, Nico: Kontinuierliches Qualitätsmanagement mit einer KTQ
basierten Balanced Scorecard.
URL:
http://www.zeq.de/pix/pdf/01_08_07_Beitrag_Pflege_Management_KTQ_Balanced%20S
corecard_050601.pdf zitiert 01.05.08

KTQ (Kooperation für Transparenz und Qualität): KTQ - unser Zertifizierungsverfahren.
URL: http://www.ktq.de/ktq_verfahren/index.php zitiert 24.04.08

Läsker, Kristina: Das große Schrumpfen.
URL: http://www.sueddeutsche.de/wirtschaft/artikel/928/138644/ zitiert 27.04.08

Schmidt, Joachim (Rheinisch-Westfälisches Institut für Wirtschaftsforschung e.V.): Krankenhaus Rating Report 2008: Qualität und Wirtschaftlichkeit kein Widerspruch.
URL: http://idw-online.de/pages/de/news251380 zitiert 25.04.08